La Société Civile Immobilière : Tout ce qu'il faut savoir.

Sommaire

Chapitre 1 - Introduction à la SCI.

Qu'est-ce qu'une SCI ?	9
Pourquoi créer une SCI ?	12
Les différents types de SCI	14
Avantages et inconvénients	18

Chapitre 2 - La constitution d'une SCI.

Les étapes de création	23
Les apports nécessaires	25
Rédaction des statuts	28
Formalités d'enregistrement	31

Chapitre 3 - Gestion et fonctionnement d'une SCI.

Le rôle du gérant	37
Les décisions collectives	39

La répartition des bénéfices 43

Les obligations comptables 46

Chapitre 4 - La fiscalité de la SCI.

Imposition des bénéfices 51

La TVA et la SCI 54

Les contributions sociales 57

Optimisation fiscale 60

Chapitre 5 - Les aspects juridiques.

Responsabilité des associés 65

Dissolution et liquidation 68

Transmission des parts sociales 71

Les conflits et leur résolution 73

Chapitre 6 - Financement et SCI.

Financer l'achat immobilier via une SCI 79

Les prêts bancaires pour SCI 82

Les aides disponibles 85

Gestion des risques financiers   88

Chapitre 7 - Cas pratiques et exemples.

Étude de cas : création d'une SCI   93

Étude de cas : gestion de conflit   96

Exemple de réussite   99

Échecs et leçons apprises   102

Chapitre 8 - Conclusion et perspectives futures.

Récapitulatif des points essentiels   107

L'évolution future des SCI   109

Conseils pour les nouveaux entrants   113

Ressources et lectures complémentaires   116

Chapitre 1
Introduction à la SCI.

Qu'est-ce qu'une SCI ?

La Société Civile Immobilière, communément appelée SCI, est une forme de société particulièrement prisée pour la gestion et l'optimisation de patrimoine immobilier. Essentiellement civile, elle est créée pour l'acquisition et la gestion de biens immobiliers, permettant ainsi à ses associés de détenir et gérer des propriétés dans un cadre légal et organisé. Ce type de société offre une souplesse notable en termes de gestion et de transmission des biens, ce qui en fait un outil stratégique pour l'investissement immobilier.

Une SCI se caractérise avant tout par sa nature civile, ce qui signifie qu'elle ne peut pas avoir un objet commercial. Elle est créée par au moins deux associés (qui peuvent être des personnes physiques ou morales) lesquels apportent des biens immobiliers, ou les fonds nécessaires à leur acquisition, dans le but de partager les bénéfices ou de profiter de l'économie qui peut en résulter. Les associés déterminent librement les parts de chacun dans le capital social, parts qui sont représentatives de leurs contributions respectives et qui influent directement sur les décisions prises ainsi que sur la répartition des bénéfices.

L'un des principaux avantages de la SCI est sa capacité à faciliter la gestion et la transmission des biens immobiliers. Contrairement à la détention directe d'un bien, posséder de l'immobilier à travers une SCI permet une gestion plus flexible et moins coûteuse en termes de transmission de patrimoine. En effet, les parts de la SCI peuvent être cédées ou données plus aisément et à moindre coût fiscal que des biens immobiliers eux-mêmes, notamment en matière de droits de succession. De plus, cela permet d'éviter les écueils de l'indivision où chaque co-indivisaire a un droit de veto sur les décisions importantes.

La création d'une SCI se fait par la rédaction des statuts, acte essentiel qui doit être accompli avec soin. Ces statuts régissent le fonctionnement de la société et précisent les règles concernant les prises de décision, la répartition des bénéfices, les conditions de cession des parts et la gestion quotidienne de la société. Une fois la SCI formée, elle doit être immatriculée au Registre du Commerce et des Sociétés (RCS) pour acquérir la capacité juridique. Cette formalité administrative rend la société opposable aux tiers.

Cependant, malgré ses nombreux avantages, la gestion d'une SCI n'est pas exempte de complexités. Les obligations légales, notamment en matière de tenue des comptes, sont strictes. La SCI doit tenir une comptabilité rigoureuse et organiser une assemblée générale annuelle pour approuver les comptes et prendre les décisions importantes. De même, il est crucial de bien définir les objectifs et les attentes des associés dès la création pour éviter des conflits internes qui pourraient paralyser la gestion de la SCI.

En conclusion, bien que sa mise en place nécessite une réflexion approfondie et une gestion rigoureuse, la SCI reste un véhicule d'investissement immobilier particulièrement efficace, offrant flexibilité dans la gestion des biens et facilité dans la transmission du patrimoine. Son choix comme structure juridique doit néanmoins être soigneusement pesé en fonction des objectifs spécifiques des investisseurs et de leur situation personnelle.

Pourquoi créer une SCI ?

Créer une Société Civile Immobilière (SCI) se présente souvent comme une solution avantageuse pour de nombreuses personnes désirant gérer et transmettre un patrimoine immobilier. La flexibilité et les avantages fiscaux offerts par la SCI en font une option particulièrement attrayante.

L'un des principaux attraits de la SCI est la possibilité de contourner les contraintes de l'indivision. En effet, gérer un bien immobilier à plusieurs peut rapidement devenir une source de conflits, notamment lorsqu'il s'agit de prendre des décisions concernant la gestion ou la vente de la propriété. La SCI permet à ses associés de définir clairement leurs droits et obligations à travers les statuts de la société, offrant ainsi un cadre bien plus structuré et sécurisant que l'indivision. De plus, contrairement à l'indivision où chaque décision doit être prise à l'unanimité, la SCI permet une gestion plus souple où les décisions peuvent être prises selon les modalités prévues dans les statuts, souvent à la majorité des voix des associés.

Outre la gestion simplifiée des biens immobiliers, la

SCI est également un outil de transmission de patrimoine particulièrement efficace. En effet, les parts sociales de la SCI peuvent être facilement divisées et distribuées aux héritiers. Cela permet une transmission progressive et maîtrisée du patrimoine, sans avoir à procéder à une vente des biens qui pourrait être fiscalement désavantageuse. De plus, dans le cadre d'une succession, la transmission des parts de SCI est souvent moins coûteuse en termes de droits de donation ou de succession que la transmission directe d'un bien immobilier.

La SCI présente également des avantages fiscaux non négligeables. Selon le régime fiscal choisi—impôt sur le revenu ou impôt sur les sociétés—les associés peuvent bénéficier de différentes options d'optimisation fiscale. Par exemple, dans le cadre de l'impôt sur le revenu, les déficits fonciers générés par la SCI peuvent être imputés sur le revenu global des associés, ce qui permet de réduire l'assiette imposable. Cependant, ce mécanisme est encadré et doit être manié avec précaution en respectant les règles fiscales en vigueur.

Enfin, la création d'une SCI offre une grande souplesse en termes d'organisation et de gestion. Les associés peuvent choisir la manière dont ils souhaitent gérer la société et peuvent modifier les statuts pour s'adapter à l'évolution de leurs besoins et projets. Que ce soit pour l'acquisition, la gestion, la location ou la cession de biens immobiliers, la SCI s'adapte aux objectifs spécifiques de ses membres, ce qui en fait un outil particulièrement versatile.

A travers ces différents aspects, il devient clair que la création d'une SCI peut représenter une solution intéressante pour beaucoup de personnes souhaitant gérer et transmettre efficacement un patrimoine immobilier. Son cadre légal, sa flexibilité de gestion et ses avantages tant en termes de transmission que de fiscalité justifient pleinement l'intérêt qu'elle suscite. La SCI n'est pas seulement une structure juridique, c'est également un véhicule d'investissement et de planification patrimoniale dont les avantages méritent d'être considérés attentivement par ceux qui envisagent d'investir dans l'immobilier.

Les différents types de SCI

La Société Civile Immobilière (SCI) est un outil juridique et fiscal très apprécié en France, en raison de sa flexibilité et des divers avantages qu'elle procure, notamment en termes de gestion et de transmission de patrimoine immobilier. Cependant, il existe plusieurs formes de SCI, chacune adaptée à des objectifs spécifiques, qu'il est crucial de connaître afin de choisir la structure qui correspond le mieux aux besoins des associés.

La forme la plus commune de la SCI est la SCI de gestion, aussi appelée SCI familiale. Cette structure est principalement utilisée pour acquérir et gérer des biens immobiliers dans l'optique de les louer ou de les mettre à disposition des associés. L'attrait principal de ce type de SCI réside dans sa capacité à faciliter la transmission du patrimoine immobilier aux héritiers. En fractionnant la propriété immobilière en parts sociales, les associés peuvent progressivement transmettre leur patrimoine à leurs descendants, souvent avec des avantages fiscaux significatifs, comme la réduction des droits de succession, sous certaines conditions.

Un autre type pertinent de SCI est la SCI de construction-vente. Ce modèle est conçu spécifiquement pour les projets de construction immobilière suivis de la vente des logements construits. Cette forme de SCI est souvent temporaire, car elle est dissoute une fois les opérations de construction et de vente achevées. Son principal avantage réside dans la possibilité de regrouper plusieurs investisseurs pour un projet spécifique, permettant ainsi de partager les risques, les coûts et les bénéfices.

Pour ceux qui s'intéressent à la préservation de patrimoine historique ou exceptionnel, la SCI d'attribution peut présenter un intérêt particulier. Dans ce cadre, la SCI est utilisée pour la restauration et la gestion de biens immobiliers, avant que ces derniers ne soient divisés entre les associés en fonction de leurs parts. Cette division peut être particulièrement utile dans les situations où le bien immobilier ne peut être facilement divisé physiquement, ou dans les cas où les coûts de restauration sont élevés et justifient un investissement collectif.

Il existe aussi les SCI professionnelles, qui sont créées dans le but de gérer des biens immobiliers utilisés pour l'exercice d'une activité professionnelle par les associés. Que ce soit pour des bureaux, des locaux commerciaux ou industriels, ce type de SCI permet la séparation des biens professionnels des biens personnels, protégeant ainsi le patrimoine privé des associés en cas de difficultés économiques rencontrées par l'activité professionnelle.

Néanmoins, il est important de noter que quel que soit le type de SCI choisi, les associés doivent se conformer à une réglementation stricte en matière de gestion et de fonctionnement, incluant la tenue d'une comptabilité adaptée et la rédaction de statuts précis qui fixent les règles relatives à la structure choisie. La flexibilité de la SCI n'exonère pas ses membres de leurs obligations légales, et le non-respect de celles-ci peut entraîner des conséquences juridiques et fiscales importantes.

En définitive, comprendre les différents types de SCI permet aux futurs associés ou investisseurs de choisir judicieusement la structure qui optimisera la gestion de leur patrimoine immobilier en fonction de leurs objectifs particuliers. Que ce soit pour des raisons de gestion locative, de construction, de spéculation ou de protection du patrimoine, la SCI offre une palette de solutions adaptable à de nombreux contextes immobiliers.

Avantages et inconvénients

Lorsqu'on aborde la question de la Société Civile Immobilière (SCI), il est essentiel de comprendre à la fois les avantages et les inconvénients qui accompagnent cette structure juridique. La création d'une SCI offre aux investisseurs une flexibilité notable dans la gestion et la transmission du patrimoine immobilier, ce qui est souvent perçu comme un atout majeur. Grâce à cette flexibilité, les associés peuvent définir les règles de fonctionnement de la société selon leurs besoins spécifiques, en les inscrivant dans les statuts. Cette personnalisation permet aux membres de la SCI de prévoir, par exemple, les modalités de cession des parts sociales ou les conditions de prise de décision concernant les biens immobiliers détenus.

Un autre avantage indéniable de la SCI est lié à la transmission du patrimoine. Elle facilite la succession, surtout dans les contextes familiaux, en permettant de répartir les intérêts immobiliers entre les héritiers via des parts sociales, évitant ainsi les complications souvent rencontrées lors des successions traditionnelles. Cela réduit les risques de conflits entre les héritiers et offre une certaine souplesse dans la gestion du patrimoine après le décès du propriétaire. De plus, la fiscalité de la SCI peut être avantageuse, surtout lorsque la société opte pour l'imposition des revenus fonciers au régime réel, permettant ainsi de déduire de nombreux frais et charges liés à la propriété immobilière.

Cependant, gérer une SCI comporte également des défis et des inconvénients qui ne doivent pas être sous-estimés. Les obligations administratives, par exemple, peuvent être perçues comme un fardeau. La nécessité de tenir une comptabilité formelle, d'organiser des réunions annuelles et de déposer les comptes annuels peut décourager certains investisseurs, surtout ceux qui cherchent une gestion plus "libre" et moins encadrée de leur investissement. De plus, la SCI est soumise à l'impôt sur les sociétés si elle exerce des activités commerciales, ce qui peut entraîner une fiscalité plus lourde comparée à l'imposition individuelle en cas de détention directe du bien.

En outre, la structure même de la SCI peut créer

des complications en cas de mésentente entre les associés. Comme les décisions importantes, telles que la vente d'un bien, doivent souvent être prises à l'unanimité ou à une majorité qualifiée, des conflits peuvent survenir et paralyser la gestion de la société. Il est donc crucial que les associés partagent une vision commune et soient capables de communiquer efficacement pour éviter les blocages qui pourraient affecter l'efficacité de la SCI.

La rigidité des statuts peut également être un double tranchant. Bien que la personnalisation des statuts soit un avantage pour adapter la SCI à des besoins spécifiques, toute modification ultérieure requiert un accord unanime des associés et éventuellement un acte notarié, ce qui peut être à la fois coûteux et contraignant.

Tous ces éléments doivent être soigneusement pesés par ceux qui envisagent de créer une SCI. La balance entre les avantages de flexibilité, de planification successorale et de potentiel fiscal d'une part, et les inconvénients liés à la gestion administrative, aux risques de conflits et à la rigidité légale d'autre part, déterminera si la SCI est la structure la plus appropriée pour leurs objectifs immobiliers. Comprendre ces aspects est donc essentiel pour tout investisseur ou famille envisageant cette forme de détention de patrimoine immobilière.

Chapitre 2
La constitution d'une SCI.

Les étapes de création

La création d'une Société Civile Immobilière (SCI) est un processus délicat qui nécessite attention et rigueur pour assurer sa réussite. Ce type de société, souvent utilisé pour faciliter la gestion et la transmission du patrimoine immobilier, implique plusieurs étapes clés que nous allons explorer.

Pour débuter, la première étape essentielle réside dans la réflexion approfondie du projet. Les futurs associés doivent se pencher sur l'objet social de la SCI, c'est-à-dire la détermination précise des biens immobiliers qu'ils souhaitent acquérir ou gérer ensemble. Cette décision conditionnera la rédaction des statuts, document fondamental qui régira les relations entre les associés et le fonctionnement de la société. Il est important de définir dès le départ le montant du capital social, qui peut être en numéraire ou en nature (comme un apport d'un bien immobilier), et les parts sociales que chaque associé va détenir.

Une fois cette réflexion menée, la rédaction des statuts peut commencer. Ces derniers doivent inclure des informations cruciales telles que l'identité des associés, l'adresse du siège social, la répartition du capital social, les modalités de prise de décision et de distribution des bénéfices, ainsi que les règles relatives à la transmission des parts sociales. Il est souvent recommandé de se faire assister par un professionnel, tel qu'un notaire ou un avocat, pour la rédaction de ce document afin d'éviter toute ambigüité ou omission qui pourrait être préjudiciable plus tard.

Après avoir rédigé les statuts, l'étape suivante consiste à enregistrer la SCI. Cela implique de déposer un exemplaire des statuts au service des impôts des entreprises pour enregistrement. Cette formalité permet de donner une date certaine aux statuts et peut parfois requérir le paiement de droits d'enregistrement, notamment en cas d'apport d'un bien immobilier. Cet enregistrement est essentiel avant toute publicité au registre du commerce et des sociétés (RCS).

La publication d'un avis de constitution dans un journal d'annonces légales est l'étape suivante. Cet avis doit mentionner les principales caractéristiques de la société comme la dénomination sociale, le siège social, l'objet, le montant du capital social, ainsi que les modalités de sa direction et de sa gestion. Cette publication est indispensable pour informer le public de la création de la société.

Finalement, il faut procéder à l'immatriculation de la SCI au RCS, démarche réalisée auprès du greffe du tribunal de commerce. L'immatriculation est la dernière étape qui confère à la société sa personnalité juridique. Ce processus inclut la remise d'un dossier complet comprenant les statuts enregistrés, l'attestation de parution de l'annonce légale, et une déclaration des bénéficiaires effectifs de la société, parmi d'autres documents.

Dans l'ensemble, la constitution d'une SCI est un parcours qui, bien que complexe, peut être grandement facilité avec une bonne préparation et l'accompagnement de professionnels compétents. Elle représente une structure très flexible et avantageuse pour la gestion d'un patrimoine immobilier, mais nécessite une compréhension claire de ses implications juridiques et fiscales.

Les apports nécessaires

La constitution d'une Société Civile Immobilière (SCI) s'articule autour de divers éléments cruciaux, parmi lesquels les apports des associés tiennent une place prépondérante. En effet, les apports constituent le socle sur lequel la SCI est édifiée, déterminant de ce fait non seulement la solidité et la structure financière de l'entité, mais influençant également les rapports de forces et les décisions au sein de la société.

Les apports nécessaires à la création d'une SCI peuvent se catégoriser en trois types principaux : les apports en numéraire, les apports en nature et les apports en industrie, bien que ces derniers ne soient pas pris en compte dans le capital social. Les apports en numéraire désignent les contributions financières effectuées par les associés, souvent nécessaires pour acquérir les premiers biens immobiliers ou couvrir les frais initiaux de la société. Ces apports sont déposés dans un compte bancaire ouvert au nom de la SCI et doivent être libérés dans les conditions et délais stipulés par les statuts de la société, ou à défaut, par la loi.

D'autre part, les apports en nature consistent en la mise à disposition de la société d'actifs physiques tels que des propriétés immobilières, des terrains ou d'autres biens susceptibles d'être valorisés et utilisés dans le cadre de l'activité de la SCI. L'évaluation de ces biens doit être faite avec précaution, souvent avec l'aide d'un expert, pour assurer une juste représentation dans le capital social. Cette évaluation est essentielle non seulement pour définir la part de chaque associé dans le capital, mais aussi pour éviter tout litige futur concernant la surévaluation ou la sous-évaluation des apports.

Les apports en industrie, bien qu'intéressants pour leur contribution en termes de savoir-faire ou de compétences, ne sont pas comptabilisés dans le capital social de la SCI. Cela s'explique par la nature éphémère et non monétisable directement de tels apports. Cependant, leur importance ne doit pas être sous-estimée, car ils peuvent significantly influencer la performance et la gestion de la SCI.

Le processus de documentation et de légalisation des apports est non négligeable. Il implique souvent la rédaction de statuts détaillés, qui doivent clairement spécifier la nature, la valeur et les conditions des différents apports. De plus, les statuts doivent être enregistrés dans le cadre légal approprié et faire l'objet de formalités spécifiques telles que la publication dans un journal d'annonces légales et l'inscription au registre du commerce et des sociétés.

En somme, les apports nécessaires à la constitution d'une SCI sont divers et leur gestion requiert une attention méticuleuse. Ils sont le fondement sur lequel la société construit son avenir et, à ce titre, doivent être soigneusement planifiés et mis en œuvre. Cela garantit non seulement le bon fonctionnement de la SCI mais sert également à protéger les intérêts des associés et à préserver la viabilité à long terme de la société. La clarté, la transparence et le respect des obligations légales dans la documentation et la gestion des apports sont donc essentiels pour la bonne santé et le succès de toute SCI.

Rédaction des statuts

La rédaction des statuts est l'une des étapes essentielles dans la constitution d'une Société Civile Immobilière (SCI). Bien que cette tâche puisse sembler intimidante de prime abord, elle est crucial car les statuts forment la charpente juridique de la société. Ils définissent les règles de fonctionnement de la SCI et précisent les relations entre les associés ainsi que leur rapport vis-à-vis de la société.

Lors de la rédaction des statuts, il est important de considérer minutieusement chaque clause pour éviter les ambiguïtés qui pourraient conduire à des conflits futurs ou à des problèmes de gestion. Les statuts doivent notamment préciser l'objet social de la SCI, qui détermine les activités que la société est autorisée à exercer. En général, l'objet social d'une SCI est l'acquisition et la gestion de propriétés immobilières. Cette définition doit être suffisamment précise pour éviter toute activité non conforme aux lois en vigueur sur les sociétés civiles et l'immobilier.

En outre, il est crucial d'identifier clairement le siège social de la SCI car il détermine la juridiction sous laquelle la société sera enregistrée. Le siège social est souvent l'adresse du bien immobilier principal de la SCI, mais il peut également s'agir de l'adresse personnelle de l'un des associés ou même d'un local commercial loué à cet effet. L'adresse du siège social a des implications non seulement administratives mais aussi fiscales.

La durée de la SCI est une autre composante importante à figurer dans les statuts. Bien que la durée maximale légale soit de 99 ans, il est possible de choisir une durée plus courte en fonction des objectifs et des stratégies des associés. Il est également primordial de déterminer le montant du capital social lors de la rédaction des statuts. Ce capital peut être constitué en numéraire ou en nature (comme un bien immobilier par exemple), et chaque associé apporte une part qui lui donne droit à une quotité correspondante dans la société. La répartition du capital et des parts sociales devra être clairement décrite afin de prévenir tout malentendu à ce sujet.

Une attention particulière doit également être portée aux modalités de prise de décisions au sein de la SCI. Les statuts doivent stipuler comment les décisions sont prises, que ce soit à la majorité simple, à la majorité des deux tiers, ou à l'unanimité pour les décisions les plus importantes. Il convient aussi de régler les modalités de cession de parts sociales à un tiers ou entre associés, ainsi que les conditions d'entrée de nouveaux associés dans la société.

Enfin, les statuts doivent indiquer les pouvoirs et les responsabilités du ou des gérants de la SCI. Le gérant a la charge de la gestion quotidienne de la société, et il est souvent un des associés. Ses pouvoirs pour agir au nom de la SCI doivent être clairement définis pour éviter des excès ou des prises de décisions qui seraient hors du cadre légal ou statutaire.

Une fois que tous ces éléments sont méticuleusement rédigés et convenus, les statuts doivent être signés par tous les associés et légalisés, soit par un dépôt chez un notaire, soit par une formalité d'enregistrement auprès des services de l'État compétents. Cette étape formalise l'existence légale de la SCI et permet son inscription au Registre du Commerce et des Sociétés, marquant ainsi le début officiel de ses activités. La rédaction des statuts est donc non seulement une nécessité légale, mais aussi un gage de la bonne organisation et fonctionnement de la SCI.

Formalités d'enregistrement

Lors de la constitution d'une Société Civile

Immobilière (SCI), les formalités d'enregistrement constituent une étape cruciale qui mérite une attention toute particulière. Une fois que les statuts ont été rédigés et signés par tous les associés, l'acte suivant est leur enregistrement. Ce processus implique plusieurs démarches administratives qui doivent être effectuées avec précision pour assurer la légalité et la validité de la société.

La première étape de l'enregistrement implique le dépôt d'un dossier au greffe du Tribunal de Commerce. Ce dossier doit contenir plusieurs documents essentiels : les statuts signés, une copie de l'acte de propriété du local ou de l'immeuble si la SCI est propriétaire de son siège social, ainsi qu'une liste des gérants et associés de la société avec des informations détaillées sur leur identité et leur résidence. De plus, il faut joindre une déclaration sur l'honneur de non-condamnation et de filiation, indispensable pour les gérants.

Après le dépôt du dossier, il est également nécessaire de procéder à la publication d'un avis de constitution dans un journal d'annonces légales. Cette publication doit mentionner le nom de la SCI, l'adresse du siège social, l'objet de la société, le montant du capital social, les noms des gérants, ainsi que la durée pour laquelle la société a été constituée, souvent fixée à 99 ans par défaut.

Une fois ces étapes complétées, l'administration fiscale intervient. La SCI doit en effet être enregistrée auprès du service des impôts des entreprises compétent, qui va attribuer un numéro SIRET à la société. Cette immatriculation est essentielle car elle permettra à la SCI de être reconnue comme entité juridique, capable de réaliser des transactions, d'ouvrir des comptes bancaires en son nom et de souscrire des contrats.

Il est également crucial que la SCI soumette une déclaration d'existence auprès de l'administration fiscale, qui inclut certains détails financiers et informatifs sur la société. Cet acte permet d'établir le régime fiscal de la SCI et de définir ses obligations comptables, notamment en matière de taxes et d'impôts. Selon la taille et la nature des activités de la SCI, elle peut être soumise à des exigences comptables différentes, allant d'une simple comptabilité de trésorerie à une comptabilité d'engagement complète.

Enfin, toutes ces démarches, bien qu'apparemment bureaucratiques, sont essentielles pour garantir le bon fonctionnement de la SCI sous l'angle légal. Il est recommandé de solliciter l'aide d'un expert-comptable ou d'un avocat spécialisé dans le droit des sociétés pour s'assurer que toutes les formalités sont correctement réalisées. Ces professionnels peuvent offrir un accompagnement adapté tout au long du processus d'enregistrement et au-delà, surtout dans des domaines complexes tels que les implications fiscales et la conformité légale.

En somme, l'enregistrement d'une SCI ne se limite pas à la simple collecte de documents. Il s'agit d'un processus rigoureux qui nécessite une compréhension claire des exigences légales et administratives pour assurer la viabilité et la conformité de la société sur le long terme.

Chapitre 3
Gestion et fonctionnement d'une SCI.

Le rôle du gérant

La gestion d'une Société Civile Immobilière (SCI) repose de façon cruciale sur le rôle de son gérant, une figure centrale qui coordonne le fonctionnement quotidien ainsi que stratégique de la société. Ce rôle inhérent à la gestion de la SCI implique une série de responsabilités et de pouvoirs qui, bien exécutés, peuvent grandement influencer le succès de l'entreprise immobilière.

Le gérant d'une SCI est souvent choisi par les associés lors de la création de la société et son mandat est défini par les statuts ou par une assemblée générale des associés. Il peut s'agir d'un des associés ou d'une personne externe. Sa position est stratégique puisqu'il s'agit de la personne qui représente la société vis-à-vis de l'extérieur et qui prend les décisions au quotidien. La législation lui offre le pouvoir d'agir en toute circonstance au nom de la société, dans les limites de l'objet social et sous réserve de l'autorisation des associés pour les actes qui dépassent ces limites.

Dès sa désignation, le gérant se voit confier la

gestion des aspects opérationnels de la SCI. Cela comprend la gestion des biens immobiliers appartenant à la société, de leur entretien à leur exploitation par location ou vente. Il doit s'assurer que toutes les activités sont menées en conformité avec les lois en vigueur, notamment celles relatives à la propriété et à la location immobilières. C'est également le gérant qui se charge des formalités administratives, telles que la déclaration des revenus locatifs, la gestion des contrats de location et le respect des normes de sécurité des biens.

Au-delà de la gestion quotidienne, le gérant joue un rôle crucial dans la planification stratégique de la SCI. Il présente aux associés des opportunités d'investissement et conseille sur le développement potentiel du portefeuille immobilier. Cette dimension stratégique implique de faire des choix judicieux concernant l'achat et la vente de propriétés, en analysant soigneusement le marché pour maximiser la rentabilité de la société.

La communication est aussi une partie intégrante des fonctions du gérant. Il doit maintenir une ligne de communication ouverte avec les associés pour s'assurer que tous sont bien informés des activités et de la situation financière de la SCI. Cette transparence est nécessaire pour entretenir la confiance des investisseurs et assurer une prise de décision collective éclairée.

Enfin, la responsabilité financière du gérant ne doit pas être sous-estimée. Il est chargé de la bonne gestion des comptes de la société, ce qui nécessite une tenue rigoureuse des livres, la préparation des bilans annuels, et la garantie que les impôts et les charges sociales soient payés à temps. Cette gestion financière prudente est essentielle pour la viabilité à long terme de la SCI.

En somme, le gérant d'une SCI assume un rôle pivot, orchestre de la coordination opérationnelle à la vision stratégique, tout en assurant la liaison entre les associés et la réalité du marché immobilier. Son expertise et son engagement sont des piliers sur lesquels repose la réussite de la société. Un gérant compétent et dédié est donc indispensable pour naviguer les défis du marché immobilier et réaliser les objectifs de la SCI.

Les décisions collectives

Les décisions collectives au sein d'une Société

Civile Immobilière (SCI) sont cruciales pour assurer un fonctionnement harmonieux et efficace. Ces décisions concernent des aspects variés, tels que la gestion des biens, les modifications statutaires, ou encore les éventuelles cessions de parts sociales. Elles doivent être prises avec soin, car elles impactent non seulement la structure interne de la SCI, mais aussi ses relations avec l'extérieur, y compris les partenaires financiers et les autorités régulatrices.

Dans une SCI, les décisions collectives sont prises lors des assemblées générales des associés. L'assemblée générale ordinaire doit se tenir au moins une fois par an et elle est principalement dédiée à l'approbation des comptes de l'exercice écoulé et à la distribution des bénéfices. Cependant, des assemblées extraordinaires peuvent également être convoquées à tout moment, notamment pour des questions nécessitant des modifications des statuts de la société ou des décisions importantes concernant la gestion des biens. Les modalités de convocation et les règles de quorum et de majorité sont fixées par les statuts de la SCI, qui doivent respecter les minimums légaux, mais peuvent être adaptées aux spécificités de chaque société.

Les votes au sein de ces assemblées sont généralement exprimés en fonction des parts sociales détenues par chaque associé, offrant ainsi un poids proportionnel à leur investissement dans la société. Cela signifie que les décisions sont prises non pas nécessairement à l'unanimité, mais selon une majorité spécifiée dans les statuts. Ces majorités peuvent varier : majorité simple pour les décisions courantes ou majorité renforcée pour les décisions plus engageantes, comme la modification des statuts ou la vente d'un bien important.

L'importance de la clarté et de la précision dans la rédaction des statuts ne peut être sous-estimée. En effet, ces documents servent de référence en cas de litige ou de désaccord entre les associés. Ils déterminent les processus à suivre pour assurer une prise de décision équitable et représentative des intérêts de tous les membres de la SCI. Ils régissent également les situations exceptionnelles, telles que le retrait ou l'ajout d'un associé, qui peuvent nécessiter une adaptation des règles habituelles de prise de décision.

Les décisions collectives dans une SCI impactent également la gestion courante de la société, y compris la nomination ou la révocation des gérants. Le ou les gérants sont en charge de la gestion quotidienne de la SCI et représentent la société dans ses relations avec des tiers. Bien qu'ils aient des pouvoirs étendus, ces derniers sont encadrés par les statuts et par les décisions prises lors des assemblées. Les associés doivent donc être vigilants dans la sélection des gérants et précis dans la définition de leurs pouvoirs pour éviter les abus et garantir une gestion conforme aux intérêts de la SCI.

En conclusion, les décisions collectives sont un pilier de la gouvernance d'une SCI. Elles doivent être prises dans un cadre bien défini, avec une transparence et une équité maximales pour protéger les intérêts de tous les associés. La réussite d'une SCI dépend en grande partie de la qualité de ses structures de décision et de la clarté avec laquelle elles sont mises en œuvre. C'est pourquoi il est essentiel que tous les associés soient bien informés et activement impliqués dans ces processus décisionnels.

La répartition des bénéfices

La gestion efficace d'une Société Civile Immobilière (SCI) nécessite une compréhension approfondie de nombreux aspects, parmi lesquels la répartition des bénéfices se distingue comme un élément central. C'est souvent au sein de cette étape que les intérêts des associés se précisent, influençant directement leurs motivations et leur engagement dans le projet immobilier commun.

Dans une SCI, la répartition des bénéfices est principalement déterminée par les statuts de la société, qui doivent être rédigés avec soin lors de la création de la société. Ces statuts définissent non seulement les règles relatives à l'administration et la gestion de la SCI, mais aussi la manière dont les bénéfices seront distribués entre les associés. Typiquement, les bénéfices d'une SCI sont partagés en proportion des parts sociales détenues par chaque associé. Cela signifie que si une personne détient 50% des parts de la société, elle recevra 50% des bénéfices distribués.

Il est important de noter que la distribution des bénéfices dans une SCI ne se réalise qu'après que toutes les dépenses nécessaires ont été couvertes, incluant les impôts, les réparations, et le paiement des éventuels emprunts. Ce qui reste ensuite est considéré comme bénéfice net, qui peut alors être distribué selon les règles établies dans les statuts. Parfois, les associés peuvent décider de réinvestir une partie des bénéfices dans la société pour des projets de rénovation ou pour acquérir de nouveaux biens immobiliers, décision qui doit également être formalisée lors des assemblées générales.

La flexibilité est un des avantages de la SCI, permettant aux associés de s'adapter aux conditions changeantes du marché ou aux besoins des membres. Par exemple, si tous les associés s'accordent, ils peuvent temporiser la distribution des bénéfices pour une période donnée dans le but de renforcer la trésorerie de la société ou de préparer un gros investissement futur. Néanmoins, toute modification de la politique de répartition doit être approuvée par une décision collective, respectant les procédures légales incluses dans les statuts et intégrées au cadre règlementaire qui dirige les SCI.

Il est également crucial pour les associés d'être

conscients de la réglementation fiscale à laquelle est soumise la SCI. Dans une SCI à l'impôt sur le revenu, chaque associé est imposé individuellement sur sa part des bénéfices, même si ces bénéfices ne sont pas physiquement distribués, mais maintenus au sein de la société. Cela peut avoir des implications financières importantes, particulièrement si les associés ne disposent pas de liquidités immédiates pour payer ces impôts.

En cas de désaccords ou de situations conflictuelles quant à la répartition des bénéfices, il est crucial que la SCI dispose de mécanismes de résolution des conflits, souvent établis dans les statuts. Une compréhension claire et partagée des modalités de répartition dès le départ peut éviter bien des conflits et faciliter la gestion harmonieuse de la SCI.

En conclusion, la répartition des bénéfices dans une SCI est un aspect qui doit être géré avec soin et prudence, requérant une bonne préparation initiale lors de la rédaction des statuts et une gestion rigoureuse et transparente. Elle reflète non seulement les investissements financiers des associés, mais aussi leurs attentes et leurs objectifs à travers leur engagement dans la SCI. Une stratégie bien conçue en matière de bénéfices contribue ainsi directement à la stabilité et au succès à long terme de la société.

Les obligations comptables

Les obligations comptables d'une Société Civile Immobilière (SCI) sont un aspect essentiel de sa gestion et de son fonctionnement. Ces obligations permettent non seulement de respecter les cadres légaux et réglementaires, mais elles offrent également une visibilité claire sur la santé financière de la société. Comprendre ces mécanismes est primordial pour tout gestionnaire de SCI.

Une SCI, bien qu'elle bénéficie d'une certaine souplesse en matière de gestion, doit se conformer à des exigences comptables spécifiques. Il est important de souligner que, quel que soit le régime fiscal adopté, la SCI est obligée de tenir une comptabilité complète. Cela comprend la rédaction régulière de journaux comptant toutes les opérations financières, la création d'un grand livre répertoriant toutes les écritures comptables classées par compte, ainsi que la tenue d'un livre d'inventaire listant précisément les divers éléments du patrimoine de l'entreprise.

Ces documents comptables doivent refléter avec exactitude toutes les opérations effectuées par la SCI. La rigueur dans la tenue des comptes assure non seulement la transparence financière mais s'avère cruciale lors des déclarations fiscales. La fiscalité des SCI pouvant être complexe, notamment avec le choix entre l'impôt sur le revenu ou l'impôt sur les sociétés, une comptabilité bien tenue permet de faciliter les interactions avec l'administration fiscale et de maximiser les avantages fiscaux possibles.

En plus de la tenue des livres comptables, la SCI doit aussi préparer annuellement des comptes annuels qui se composent du bilan, du compte de résultat et de l'annexe. Ces documents offrent une vue d'ensemble de la situation financière de la société et permettent de prendre des décisions éclairées pour la gestion de la SCI. Le bilan révèle la situation patrimoniale avec ses actifs et passifs, le compte de résultat montre la performance économique sur l'exercice écoulé, tandis que l'annexe fournit des informations complémentaires indispensables à la compréhension des deux autres documents.

La révision de ces comptes doit être effectuée avec attention, idéalement par un expert-comptable. Ce professionnel peut non seulement assurer la conformité des comptes avec les normes comptables en vigueur, mais aussi conseiller les gestionnaires sur les meilleures stratégies fiscales et financières. Même si cela représente un coût supplémentaire pour la SCI, l'expertise d'un comptable peut s'avérer économique à long terme, en évitant des erreurs coûteuses et en optimisant la gestion des ressources.

Au-delà de l'exigence légale, une bonne tenue comptable permet aux associés de la SCI de suivre de près l'évolution de leur investissement et de prendre des décisions en connaissance de cause concernant la gestion des biens immobiliers, les améliorations potentielles, les nouvelles acquisitions ou la restructuration de la dette. La transparence comptable est également rassurante pour les éventuels créanciers ou investisseurs, qui peuvent ainsi évaluer avec précision le risque financier associé à la SCI.

En conclusion, les obligations comptables dans le cadre d'une SCI ne doivent pas être perçues uniquement comme une contrainte légale, mais plutôt comme un outil de gestion stratégique. Elles garantissent la clarté et la fiabilité des informations financières, essentielles à la gestion efficace et responsable d'une société civile immobilière.

Chapitre 4
La fiscalité de la SCI.

Imposition des bénéfices

La Société Civile Immobilière (SCI) est un outil de gestion de patrimoine immobilier qui offre de multiples avantages, notamment en termes de fiscalité. La compréhension de l'imposition des bénéfices est cruciale pour toute personne impliquée dans une SCI.

L'imposition des bénéfices d'une SCI dépend essentiellement de l'option fiscale qu'elle a choisie : l'impôt sur le revenu ou l'impôt sur les sociétés. Chacun de ces régimes fiscaux influence différemment la gestion et les résultats financiers de la société.

Dans le cadre de l'impôt sur le revenu, les bénéfices réalisés par la SCI sont directement imposés entre les mains des associés, selon leur part respective dans la société. Cela signifie que les profits générés par la SCI sont ajoutés aux autres revenus des associés et soumis à leur tranche marginale d'imposition personnelle. Cette spécificité peut être particulièrement avantageuse dans le cas où les associés se trouvent dans des tranches d'imposition inférieures, permettant ainsi une imposition globale moins lourde par rapport à la taxation individuelle à un taux plus élevé. En revanche, cela pourrait représenter un désavantage si les associés sont déjà fortement imposés à titre personnel, car cela augmenterait leur charge fiscale globale.

D'un autre côté, si la SCI opte pour l'impôt sur les sociétés, les bénéfices sont imposés au niveau de la société au taux fixe, qui est généralement moins élevé que les tranches marginales de l'impôt sur le revenu applicable aux particuliers. Cette option peut simplifier la gestion fiscale de la SCI en dissociant la fiscalité de la société de celle des associés. Ce régime permet également de reporter l'imposition des bénéfices non distribués, donnant ainsi à la SCI la possibilité de planifier des investissements ou des réinvestissements plus stratégiques sans la pression immédiate de l'impôt. Toutefois, il est important de noter que lors de la distribution des dividendes aux associés, ces derniers seront taxés au niveau personnel selon les règles applicables aux dividendes, ce qui inclut les prélèvements sociaux et, selon les situations, une taxation supplémentaire.

Un autre aspect à considérer est la question des déficits. Dans une SCI soumise à l'impôt sur le revenu, les déficits peuvent être imputés sur le revenu global des associés, dans certaines limites et sous certaines conditions, ce qui peut réduire leur charge fiscale personnelle. Cela est particulièrement intéressant pour les associés qui ont d'autres sources de revenus pouvant compenser ce déficit. En revanche, dans une SCI soumise à l'impôt sur les sociétés, les déficits sont reportables uniquement à l'intérieur de la société et peuvent être déduits des bénéfices futurs, ce qui constitue une planification fiscale différente.

La décision entre l'impôt sur le revenu et l'impôt sur les sociétés devrait donc être prise après une analyse approfondie des objectifs à long terme de la SCI, de la situation fiscale des associés, et des prévisions de bénéfices ou de déficits. Dans chaque cas, il est recommandé de consulter un expert fiscal qui saura orienter les associés selon leur situation particulière et les aider à optimiser la structure fiscale de leur SCI.

En résumé, la fiscalité des SCI est un domaine complexe mais essentiel à maîtriser pour tirer le meilleur parti de cet investissement immobilier. En choisissant judicieusement le régime fiscal approprié et en planifiant soigneusement les implications de chacun, les associés peuvent significativement influencer la rentabilité et l'efficacité fiscale de leur investissement immobilier.

La TVA et la SCI

La compréhension de la fiscalité liée à la TVA (Taxe sur la Valeur Ajoutée) est cruciale pour les gestionnaires de Sociétés Civiles Immobilières (SCI), car elle peut avoir des répercussions significatives sur leurs coûts et leur stratégie fiscale. La TVA dans le cadre d'une SCI n'est pas toujours applicable de manière uniforme; elle dépend en grande partie des activités exercées par la société et de la nature des biens immobiliers concernés.

Premièrement, il est important de noter que les SCI sont, par défaut, exemptées de TVA, à moins qu'elles ne réalisent des opérations qui sont taxables. Cette particularité s'observe principalement lorsque la SCI effectue des transactions considérées comme commerciales par l'administration fiscale, telles que la construction de biens immobiliers destinés à la vente. Si une SCI décide de se lancer dans de telles opérations, elle doit alors s'inscrire comme redevable de la TVA, ce qui implique le paiement de cette taxe sur les transactions effectuées et le droit à déduction de la TVA sur les dépenses engagées.

L'inscription volontaire à la TVA offre également à la SCI des avantages à ne pas négliger. Notamment, cela permet à la société de récupérer la TVA sur les coûts de construction, de rénovation, ou d'achat de biens, à condition que ces derniers soient effectivement destinés à une utilisation dans le cadre de l'activité taxable. Par exemple, si une SCI construit des appartements pour les vendre, la TVA payée sur les matériaux de construction et les services associés peut être récupérée, réduisant ainsi le coût global du projet.

Cependant, cette faculté de récupérer la TVA comporte des implications de gestion plus complexes. La SCI doit en effet organiser une comptabilité adaptée, enregistrer et déclarer la TVA, ce qui représente un surcroît de travail administratif. En outre, la choix de renoncer à l'exonération de TVA doit être murement réfléchi car elle engage la SCI sur une période minimale, généralement de 5 ans, durant laquelle elle doit continuer à réaliser des opérations soumises à la TVA.

Si la SCI opte pour la conservation de son statut d'exonéré de TVA, la situation fiscale est simplifiée, mais les possibilités de récupération de la TVA disparaissent. Cela peut représenter un coût supplémentaire significatif dans le cas de projets immobiliers de grande envergure ou comportant des rénovations importantes.

Enfin, il est essentiel pour les dirigeants de SCI de bien analyser leur projet immobilier et d'évaluer l'impact de la TVA en amont, pour choisir l'option la plus adaptée à leur situation. Consulter un expert en fiscalité ou un comptable spécialisé peut constituer un atout majeur dans la prise de décision. Ce spécialiste pourra aider à comprendre les nuances de la législation en vigueur et à optimiser la stratégie fiscale de la SCI.

Ainsi, la gestion de la TVA dans une SCI n'est pas seulement une question de conformité fiscale, mais aussi un élément stratégique important qui devra être intégré dans la planification et la gestion financière de la société.

Les contributions sociales

La fiscalité de la Société Civile Immobilière (SCI) occupe une place centrale dans sa gestion et son attrait pour les investisseurs. Au cœur de cette fiscalité se trouvent les contributions sociales, qui méritent une attention particulière du fait de leur impact direct sur les revenus locatifs de la structure. Ces contributions sont souvent perçues comme un dédale de règlementations, mais une compréhension claire de celles-ci est indispensable pour optimiser la rentabilité d'une SCI.

Premièrement, il est essentiel de comprendre que les contributions sociales s'appliquent aux bénéfices fonciers de la SCI. Ces bénéfices sont le résultat des loyers perçus, diminués des charges et des intérêts d'emprunt. Selon le régime fiscal choisi par la SCI, imposition sur le revenu ou imposition sur les sociétés, le calcul et le paiement des contributions sociales peuvent varier. La majorité des SCI optent pour l'impôt sur le revenu, dans ce cas, les associés sont imposés directement sur leur part des bénéfices de la SCI et doivent également s'acquitter des contributions sociales sur ces mêmes parts.

Les contributions sociales comprennent plusieurs prélèvements. Le principal est la Contribution Sociale Généralisée (CSG), suivie de la Contribution au Remboursement de la Dette Sociale (CRDS). En addition, d'autres prélèvements sociaux peuvent être appliqués, en fonction des conditions économiques et des décisions gouvernementales. Il est important de noter que le taux de ces contributions peut fluctuer, influencé par les décisions politiques et économiques. Actuellement, le taux global des contributions sociales est d'environ 17,2 %. Ce pourcentage est appliqué sur le revenu net foncier, après déduction des divers frais et charges.

Un aspect intéressant et parfois complexe de la gestion des contributions sociales dans le cadre d'une SCI à l'impôt sur le revenu est la notion de prélèvement à la source. Depuis sa mise en place, le prélèvement à la source intègre non seulement l'impôt sur le revenu, mais également les contributions sociales. Cela signifie que chaque mois, un montant est prélevé directement sur les comptes de la SCI ou des associés, basé sur les revenus fonciers estimés. Ce système vise à fluidifier les obligations fiscales et sociales, mais requiert une gestion précise et prévisionnelle des flux financiers de la SCI.

Il est également crucial pour les associés de la SCI de considérer l'impact de ces contributions sur leurs obligations fiscales personnelles. Par exemple, si un associé est également salarié, les contributions sociales payées via la SCI s'ajoutent à celles calculées sur son salaire. Cette situation peut avoir des implications sur le montant final de ses contributions et nécessite souvent un ajustement lors de la déclaration annuelle des revenus.

D'un point de vue stratégique, la gestion efficace des contributions sociales peut entraîner une optimisation significative des charges de la SCI. Certaines dépenses, comme les travaux d'amélioration ou de conservation, peuvent être susceptibles de réduire la base imposable, ce qui a un effet direct sur le montant des contributions sociales dues. Il est donc conseillé aux associés de travailler avec des experts en fiscalité immobilière pour identifier les meilleures approches afin de minimiser ces coûts tout en restant en conformité avec la législation en vigueur.

En somme, les contributions sociales représentent une composante capitale de la fiscalité d'une SCI. Une gestion avisée de ces prélèvements est cruciale pour maximiser la rentabilité de l'investissement immobilier tout en garantissant le respect des obligations fiscales et sociales.

Optimisation fiscale

L'optimisation fiscale au sein d'une Société Civile Immobilière (SCI) fait appel à diverses stratégies pour minimiser la charge fiscale tout en respectant scrupuleusement les lois en vigueur. La compréhension de ces mécanismes est essentielle pour les associés souhaitant maximiser l'efficacité économique de leur investissement immobilier.

D'abord, le choix du régime fiscal lors de la création de la SCI est un facteur déterminant. Les SCI peuvent opter pour l'imposition sur le revenu (IR) ou pour l'imposition sur les sociétés (IS). Chaque option a ses propres avantages. Sous le régime de l'IR, les bénéfices de la SCI sont ajoutés aux autres revenus des associés et imposés selon leur tranche marginale d'imposition. Cela peut être particulièrement avantageux pour les associés se trouvant dans des tranches inférieures ou si la SCI ne génère pas beaucoup de bénéfices.

Cependant, si la SCI opte pour l'IS, l'imposition des bénéfices se fait à un taux fixe, potentiellement plus bas que celui de la tranche marginale d'imposition la plus élevée de certains associés. De plus, l'IS permet une plus grande flexibilité dans la gestion des bénéfices, car les associés ne sont imposés que lorsqu'ils perçoivent des dividendes, ce qui peut être bénéfique pour réinvestir les bénéfices dans l'immobilier ou d'autres projets.

Une autre stratégie d'optimisation fiscale réside dans l'amortissement de l'immobilier détenu par la SCI. Bien que les terrains ne soient pas amortissables, les bâtiments le sont, ce qui peut réduire considérablement le revenu imposable de la société. Cet amortissement ne s'applique pas directement dans le cadre d'une SCI à l'IR, mais il est une composante clé dans les calculs fiscaux pour une SCI à l'IS, permettant ainsi de différer l'imposition.

Les intérêts d'emprunt constituent également un moyen efficace de réduction fiscale. Pour les SCI à l'IR, les intérêts d'emprunt sont déductibles des revenus locatifs de la SCI, diminuant ainsi le revenu global imposable. Pour les SCI à l'IS, ces intérêts diminuent directement le bénéfice de la société, réduisant ainsi l'assiette fiscale sur laquelle l'impôt est calculé.

Enfin, la gestion des apports en compte courant d'associé offre aussi une opportunité d'optimisation fiscale. Les fonds apportés par les associés sous forme de compte courant peuvent générer des intérêts déductibles des bénéfices de la SCI, sous certaines conditions. Cela offre une double avantage : réduire le bénéfice imposable de la SCI tout en fournissant un rendement aux associés sur leurs apports.

En conclusion, l'optimisation fiscale au sein d'une SCI requiert une analyse minutieuse des options disponibles en fonction des objectifs et des situations individuelles des associés. Elle doit être menée avec prudence et une bonne connaissance des obligations légales pour éviter les risques de redressement. L'accompagnement par un expert en fiscalité immobilière est souvent conseillé pour naviguer efficacement dans ces choix stratégiques.

Chapitre 5
Les aspects juridiques.

Responsabilité des associés

Dans une Société Civile Immobilière (SCI), la question de la responsabilité des associés est fondamentale et mérite une attention particulière. Cette forme de société, souvent utilisée pour la gestion et la transmission de patrimoine immobilier, implique une responsabilité qui peut s'étendre au-delà des apports effectués par chaque associé, influençant ainsi leur engagement personnel et financier.

La responsabilité des associés dans une SCI est généralement limitée à leurs apports. Cela signifie que chaque associé est responsable des dettes sociales à hauteur de ce qu'il a investi dans la société. En pratique, si la société contracte des dettes, les créanciers ne peuvent réclamer aux associés le paiement que dans la limite de ces apports. Cependant, cette règle connaît des exceptions significatives, notamment si les associés ont consenti des garanties personnelles ou des cautions au profit de créanciers. Dans de tels cas, la responsabilité des associés peut devenir illimitée, mettant en péril leur patrimoine personnel.

L'un des principes clés de la SCI est la nature indéfinie de la responsabilité des associés lorsqu'ils interviennent directement dans la gestion ou la prise de décision de manière imprudente ou contraire aux intérêts de la société. En effet, si la gestion d'une SCI est normalement dévolue aux gérants, les associés qui outrepassent leurs droits en s'impliquant de façon dommageable dans la gestion peuvent être tenus personnellement responsables des conséquences de leurs actions. Cette responsabilité pour faute de gestion, bien que rare, est une épée de Damoclès qui pèse sur les associés actifs qui ne respectent pas les dispositions statutaires ou légales régissant la SCI.

De plus, il est essentiel de noter que dans le cas où la SCI ne respecte pas les obligations fiscales et sociales, les associés peuvent aussi être tenus responsables. Par exemple, en cas de défaut de paiement des impôts ou des charges sociales, les autorités peuvent se retourner contre les associés, surtout si la société présente des anomalies de gestion ou si elle a été créée dans le but évident de frauder.

La transmission des parts sociales est une autre situation où la question de la responsabilité peut surgir de manière significative. Lorsqu'un associé cède ses parts, il est libéré des obligations envers la société à partir du moment où la cession est officiellement enregistrée et acceptée par les autres associés, selon les termes prévus par les statuts de la SCI. Cependant, il reste responsable des dettes antérieures à cette cession vis-à-vis des tiers, à moins que ces derniers n'acceptent de le libérer de cette responsabilité.

En conclusion, la constitution d'une SCI implique une réflexion approfondie sur les règles de fonctionnement et la répartition des pouvoir au sein de la société, pour protéger les intérêts de chacun et limiter les risques de responsabilité personnelle inattendue. Les associés doivent prendre en considération non seulement leurs droits et obligations selon les statuts de la SCI, mais aussi l'impact potentiel de leurs décisions individuelles sur leur responsabilité globale. L'importance d'une gestion prudente et transparente ne saurait être surévaluée, tant pour la pérennité de la SCI que pour la sécurité financière personnelle des associés.

Dissolution et liquidation

La dissolution et la liquidation d'une Société Civile Immobilière (SCI) sont des phases critiques qui marquent la fin de son existence juridique. La compréhension de ce processus est essentielle pour tous les associés ou parties prenantes impliqués. Tout commence généralement par une décision de dissolution, qui peut être volontaire ou forcée par certaines circonstances.

L'une des causes les plus fréquentes de dissolution volontaire est la décision commune des associés. Cela peut survenir lorsque les objectifs de la société ont été atteints ou ne peuvent plus être poursuivis. Par ailleurs, la loi prévoit également des situations où la dissolution est inéluctable, comme l'arrivée du terme de la société, mentionné lors de sa création, ou encore la réalisation ou l'extinction de son objet. En outre, des événements tels que le décès, la faillite ou l'incapacité d'un associé peuvent contraindre la SCI à se dissoudre, à moins que les statuts prévoient d'autres dispositions pour continuer l'activité.

Une fois la décision de dissolution actée, il est

nécessaire de procéder à la liquidation de la SCI. Ce processus consiste à clore les affaires en cours, à apurer les dettes, à répartir le boni de liquidation s'il y en a, et enfin à radier la société du registre du commerce et des sociétés. Cela implique souvent la vente des biens immobiliers détenus par la société, ce qui peut prendre du temps, particulièrement dans un marché moins favorable. Les fonds résultants sont utilisés pour rembourser les créanciers. Si les actifs de la SCI sont insuffisants pour couvrir toutes les dettes, les associés peuvent être tenus de contribuer à combler le déficit, dans la limite de leurs apports respectifs.

Le liquidateur, souvent un des associés ou une personne externe désignée par les associés ou par le tribunal, est chargé de mener à bien ces opérations de liquidation. Sa mission comprend la gestion des dernières affaires de la société, la représentation de la SCI auprès des tiers et la répartition de l'actif net entre les associés. Le liquidateur a aussi pour responsabilité de tenir une comptabilité spécifique de liquidation et de déposer les comptes finaux auprès du greffe du tribunal de commerce, marquant ainsi la fin officielle des opérations.

Après le dépôt des comptes de liquidation, la radiation de la SCI est l'ultime étape. Elle signifie que la société ne possède plus aucune existence légale et que ses anciens associés n'ont plus aucune obligation incombant de leur statut d'associé, sauf bien sûr, s'il subsiste des passifs non réglés ou des litiges non clos au moment de la liquidation. Il est impératif que tout soit méthodiquement consigné et transparent, car la responsabilité des associés peut être engagée en cas de manquements durant ce processus.

Ainsi, la procédure de dissolution et de liquidation d'une SCI, bien que potentiellement longue et complexe, est encadrée par des règles strictes destinées à protéger les intérêts des associés, des créanciers et d'autres parties prenantes. Chaque étape doit être effectuée avec rigueur et prudence pour assurer une dissolution et liquidation en bonne et due forme. C'est une phase qui signe la fin de l'aventure commune des associés dans le cadre de la SCI mais aussi le début de nouvelles orientations pour chacun des membres, libérés des engagements liés à la société dissoute.

Transmission des parts sociales

Lorsqu'il s'agit de la gestion et de la passation des parts sociales d'une Société Civile Immobilière (SCI), il est essentiel de comprendre les mécanismes juridiques inhérents à cette forme d'entité. Dans une SCI, la transmission des parts sociales est un processus qui peut être motivé par plusieurs raisons, telles que la volonté de réorganiser le patrimoine entre les associés, la succession, ou encore la cession à un tiers.

D'un point de vue juridique, la transmission des parts sociales doit toujours être formalisée par un écrit. Cet écrit peut prendre la forme d'un acte sous seing privé ou d'un acte notarié, surtout dans les cas où la loi l'exige, comme dans le cadre d'une succession ou lors de la vente à un tiers. Cette formalité est cruciale non seulement pour valider la transaction aux yeux de la loi, mais également pour assurer la transparence et la traçabilité des parts au sein de la société.

Une spécificité importante des SCI est le droit de préemption des autres associés. Lorsqu'un associé souhaite céder ses parts à une personne extérieure à la SCI, les autres associés ont le droit de préempter ces parts, c'est-à-dire de les acheter à leur valeur nominale avant qu'elles ne soient proposées à un tiers. Ce mécanisme est un moyen de contrôle et de conservation de la gestion interne de la société, permettant aux associés de protéger l'équilibre et les intérêts de la SCI.

En outre, il est important de noter que le transfert de parts sociales doit être approuvé par les autres associés, sauf stipulation contraire dans les statuts de la société. Ce processus se traduit généralement par une assemblée générale convoquée pour statuer sur la cession des parts. Cette condition d'agrément a une portée significative car elle permet aux associés de décider avec qui ils souhaitent s'associer et sous quelles conditions.

La mutation des parts sociales doit également être enregistrée dans le registre des mouvements de parts que toute SCI doit tenir. Cette inscription assure une mise à jour continuelle de la liste des associés et de leur participation respective. La modification des statuts peut également s'avérer nécessaire, notamment si la répartition des parts entre les associés a été modifiée de manière significative.

Sur le plan fiscal, la transmission de parts sociales dans une SCI est soumise à des règles d'imposition spécifiques. Selon les cas, des droits d'enregistrement peuvent être exigés, et certaines plus-values peuvent être imposables si les parts sont vendues à un prix supérieur à leur coût d'acquisition. Les règles de fiscalité dépendent grandement de la nature de la transaction et du statut des bénéficiaires.

En conclusion, la transmission des parts sociales d'une SCI est un processus encadré par de nombreuses règles juridiques visant à protéger les intérêts des associés et à assurer la continuité de la société. La compréhension de ces processus est essentielle pour toute personne impliquée dans une SCI, qu'il s'agisse de gestion quotidienne ou de planification à long terme.

Les conflits et leur résolution

Les conflits au sein des Sociétés Civiles Immobilières (SCI) peuvent émerger de diverses sources et revêtir plusieurs formes, allant de désaccords mineurs à des litiges sérieux nécessitant une intervention judiciaire. La gestion de ces conflits est cruciale, car une résolution efficace peut non seulement sauvegarder les relations entre les associés mais également préserver l'intégrité et la pérennité de la société.

Dans une SCI, comme dans toute entreprise, les conflits les plus courants sont souvent liés à la gestion et à la répartition des bénéfices, à l'interprétation des statuts, ou encore aux décisions sur l'acquisition ou la vente de biens immobiliers. Ces différends peuvent surgir entre les associés ou impliquer des tiers, tels que des locataires ou des prestataires de services. Les émotions peuvent s'intensifier, surtout lorsque des enjeux financiers importants sont en jeu ou que les relations personnelles entre les associés sont étroitement interconnectées.

Le premier outil de résolution des conflits est la communication. Souvent, une simple conversation où chaque partie a la possibilité d'exprimer ses préoccupations peut suffire à désamorcer les tensions. Les associés doivent s'efforcer d'écouter activement et, si nécessaire, de faire appel à un médiateur neutre pour faciliter la discussion et aider à trouver un terrain d'entente. La médiation est d'ailleurs une solution moins coûteuse et moins conflictuelle que le recours en justice, et elle permet souvent de préserver les relations entre les associés.

Si les tensions persistent, les statuts de la SCI jouent un rôle déterminant. Ils doivent préciser les modalités de prise de décision et les procédures de gestion des conflits. Il est donc essentiel que ces documents soient rédigés avec soin lors de la création de la société, en envisageant divers scénarios de conflits et en définissant les étapes à suivre pour les résoudre. Par exemple, les statuts peuvent exiger un certain quorum pour les décisions importantes ou proposer une procédure d'arbitrage.

Dans les cas où les mécanismes internes échouent ou sont insuffisants, il peut être nécessaire de se tourner vers les tribunaux. Normalement, cela devrait être le dernier recours en raison des coûts, du temps et de l'usure émotionnelle que cela implique. L'intervention judiciaire peut aller de la simple demande de clarification juridique sur un point des statuts à des actions plus complexes impliquant des accusations de gestion fautive ou de détournement de fonds.

Enfin, prévenir vaut mieux que guérir. Les associés d'une SCI devraient envisager de mettre en place des audits réguliers et des rencontres périodiques pour discuter de la situation de la société et ajuster les plans en conséquence. Un tel suivi peut aider à anticiper les problèmes potentiels et à mettre en œuvre des solutions avant que les désaccords ne dégénèrent en conflits ouverts. Par ailleurs, une formation ou une consultation régulière avec un expert en gestion de SCI peut fournir aux associés les outils nécessaires pour gérer efficacement leur entreprise et éviter les écueils communs qui pourraient autrement mener à des litiges.

Ainsi, en combinant communication claire, application rigoureuse des statuts, utilisation judicieuse de la médiation et intervention judiciaire en dernier recours, les associés d'une SCI peuvent gérer les conflits de manière efficace et maintenir la cohésion et la stabilité de leur entreprise.

Chapitre 6
Financement et SCI.

Financer l'achat immobilier via une SCI

Financer l'achat d'un bien immobilier via une Société Civile Immobilière (SCI) représente une voie attrayante pour de nombreux investisseurs, grâce à la flexibilité et aux avantages fiscaux qu'elle peut offrir. La SCI permet non seulement de gérer plus facilement la propriété partagée, mais aussi de planifier une transmission patrimoniale plus aisée. Cependant, comprendre les mécanismes de financement au sein de cette structure est essentiel pour en optimiser les bénéfices.

Lorsqu'il s'agit de financer un achat immobilier par une SCI, les associés doivent d'abord évaluer le montant de capital qu'ils sont capables d'apporter. Ce capital peut être constitué d'apports en numéraire (somme d'argent) ou en nature (biens autres que de l'argent). Ces apports déterminent en grande partie la capacité d'emprunt de la SCI auprès des établissements financiers. En effet, une fois le capital défini, la SCI peut compléter le financement nécessaire à l'acquisition du bien par un ou plusieurs prêts bancaires.

Les banques examinent avec attention la solvabilité

de la SCI, qui est influencée par la solidité financière de chacun de ses membres, ainsi que par la viabilité du projet immobilier. Les associés peuvent être amenés à se porter caution pour sécuriser l'obtention du prêt, ce qui implique une évaluation rigoureuse de leur situation financière personnelle. Il est donc crucial que tous les membres de la SCI aient une bonne gestion de leurs finances personnelles pour faciliter l'approbation du crédit.

Un des avantages indéniables du financement via une SCI est la possibilité pour les associés de déduire les intérêts d'emprunt des revenus locatifs générés par le bien immobilier, ce qui peut alléger considérablement la charge fiscale. Cette déductibilité des intérêts constitue un levier fiscal non négligeable, qui peut rendre l'investissement plus rentable à long terme.

Une fois le financement obtenu, la gestion de la dette doit être scrupuleusement planifiée. Les associés doivent établir un calendrier de remboursement adapté aux flux de trésorerie de la SCI et veiller à ce que les loyers perçus couvrent les échéances du prêt. Cette gestion rigoureuse est essentielle pour maintenir la santé financière de la SCI et pour prévenir tout risque de défaut de paiement.

En outre, il est important de considérer les implications potentielles en termes de plus-value immobilière. Dans une SCI, la plus-value est calculée à partir de la différence entre le prix de vente du bien et sa valeur d'achat augmentée des frais d'acquisition et des éventuels travaux de rénovation financés par la SCI. La fiscalité des plus-values peut être avantageuse si le bien est détenu depuis plus de 22 ans, période après laquelle l'exonération fiscale est totale pour la plus-value réalisée.

En conclusion, bien que le processus de financement d'un bien immobilier via une SCI puisse sembler complexe, les bénéfices en termes de gestion des risques, de planification fiscale et de transmission de patrimoine peuvent en faire une option particulièrement attrayante pour les investisseurs avisés. Il convient toutefois de s'entourer de conseillers compétents, tels que des notaires et des experts en fiscalité, pour naviguer efficacement dans les méandres des réglementations financières et fiscales.

Les prêts bancaires pour SCI

Dans le paysage du financement immobilier, les prêts bancaires dédiés aux Sociétés Civiles Immobilières (SCI) occupent une place particulière. Ces structures, souvent adoptées pour la gestion et la transmission de patrimoine immobilier, requièrent une approche spécifique en matière de crédit. Comprendre les mécanismes de ces prêts permet aux associés de mieux structurer leur projet et d'optimiser leur stratégie de financement.

Lorsqu'une SCI souhaite acquérir un bien immobilier, elle peut recourir à l'emprunt bancaire. Cependant, le processus d'obtention d'un prêt pour une SCI diffère légèrement de celui pour un individu. Les banques évaluent principalement la capacité de remboursement de la SCI sur la base des loyers qu'elle prévoit de percevoir ainsi que des apports personnels des associés. Cette analyse est complétée par une étude de la solvabilité de chaque associé, car en cas de défaut de paiement, ils sont souvent appelés à répondre sur leurs propres patrimoines.

Un aspect crucial du prêt à une SCI est le taux d'intérêt. Celui-ci peut être légèrement supérieur à celui proposé pour un prêt immobilier classique, en raison du risque potentiellement plus élevé associé aux engagements pris par plusieurs parties. Il est donc prudent de comparer les offres de plusieurs établissements bancaires et de négocier les conditions de financement. Les périodes de fixation des taux, les options de remboursement anticipé et les assurances emprunteurs sont autant de paramètres à examiner attentivement pour sécuriser le financement dans les meilleures conditions.

En outre, la banque considère la nature du projet immobilier et sa viabilité économique. Pour une SCI à vocation locative, par exemple, un business plan détaillant les revenus locatifs attendus, les charges prévues et la gestion des locaux est essentiel pour obtenir un crédit. Les banques peuvent également exiger des garanties complémentaires comme des hypothèques ou des cautions personnelles des associés, ce qui renforce la sécurité du prêt mais impose aussi une charge supplémentaire sur les emprunteurs.

La durée du prêt est également une considération importante. Typiquement, les prêts accordés à des SCI sont de longue durée, souvent assortis de conditions de remboursement qui anticipent les flux de trésorerie générés par les loyers. Les associés doivent donc évaluer leur capacité à s'engager sur une longue période et à gérer la SCI de manière à garantir la couverture des échéances de prêt.

Il ne faut pas sous-estimer l'importance de la relation avec la banque. Une communication claire et régulière sur l'évolution de la SCI et de ses biens peut contribuer à maintenir de bonnes conditions de crédit et à faciliter la renégociation des termes du prêt si nécessaire. La transparence est essentielle pour construire une relation de confiance avec les créanciers, ce qui peut s'avérer crucial en cas de périodes financièrement tendues.

En définitive, le financement par emprunt bancaire pour une SCI requiert une approche rigoureuse et une planification détaillée. Il représente un levier puissant pour la croissance et la gestion d'un portefeuille immobilier, à condition que les associés s'engagent pleinement et prudemment dans la démarche. Une bonne compréhension des enjeux financiers et une gestion minutieuse de l'endettement sont primordiales pour le succès à long terme de la SCI.

Les aides disponibles

Lorsqu'il s'agit de financer une Société Civile Immobilière (SCI), les investisseurs ont souvent accès à diverses formes de soutien financier qui peuvent grandement faciliter la réalisation de leurs projets immobiliers. En explorant ces options, il est essentiel de comprendre comment chaque type d'aide peut s'adapter aux spécificités de la SCI, tout en optimisant les avantages fiscaux et financiers associés.

Les aides financières disponibles pour une SCI se manifestent principalement via différents prêts et subventions qui peuvent être accordés par des établissements publics ou privés. Le prêt bancaire classique reste l'une des sources de financement les plus courantes pour les SCI. Adapté aux besoins spécifiques des sociétaires, il peut couvrir une partie significative de l'achat ou des coûts de rénovation d'un bien immobilier. Les modalités de ces prêts, telles que le taux d'intérêt, la durée du prêt et les garanties demandées, sont souvent négociables et peuvent être adaptées aux capacités de remboursement de la SCI. Toutefois, il est crucial que le projet immobilier présenté soit solide et bien structuré pour convaincre les prêteurs de la viabilité et de la rentabilité potentielle de l'investissement.

Au-delà des prêts bancaires, des dispositifs spécifiques peuvent également appuyer financièrement les SCI. Par exemple, certaines régions ou municipalités offrent des subventions ou des prêts à taux réduits pour encourager la rénovation de bâtiments anciens ou l'amélioration de l'efficacité énergétique des propriétés. Ces aides sont souvent conditionnées à l'atteinte de certains critères environnementaux ou de performance énergétique, ce qui peut également contribuer à augmenter la valeur à long terme des biens immobiliers concernés.

En outre, au niveau national, des programmes comme le prêt à taux zéro (PTZ) peuvent être envisagés pour aider à financer l'acquisition ou la construction de logements sous certaines conditions. Bien qu'originellement conçu pour les propriétaires occupants, les règles peuvent parfois être interprétées de manière à bénéficier à certaines configurations de SCI, particulièrement celles impliquant des membres de la famille. Cela nécessite toutefois une étude approfondie des directives régissant ces prêts pour évaluer correctement leur accessibilité pour une SCI.

Il est également judicieux de considérer les incitations fiscales comme un élément du financement indirect. Par exemple, les dispositifs de défiscalisation, tels que la loi Pinel, permettent sous certaines conditions d'obtenir une réduction d'impôt en contrepartie de l'engagement de louer le bien pour une période déterminée à un loyer plafonné. Bien que principalement destinées aux investisseurs individuels, ces mesures peuvent parfois être adaptées dans le cadre de SCI, offrant ainsi un avantage fiscal significatif qui, bien que non directement monétaire, améliore la liquidité globale du projet.

La recherche de financement pour une SCI exige donc non seulement de connaître les différentes aides disponibles mais aussi de comprendre comment ces aides peuvent interagir avec les structures juridiques et fiscales propres à la SCI.

Une planification minutieuse et une bonne compréhension du système financier et des dispositifs de soutien gouvernementaux peuvent ouvrir des possibilités considérables pour le financement efficace des projets immobiliers au sein d'une SCI. Ainsi, s'armer de connaissances et parfois de l'assistance de conseillers financiers ou de spécialistes en fiscalité immobilière peut se révéler déterminant dans l'optimisation des sources de financement pour une SCI.

Gestion des risques financiers

La gestion des risques financiers constitue un aspect crucial de l'administration d'une Société Civile Immobilière (SCI). Pour sécuriser les investissements et assurer une gestion pérenne, il est essentiel de comprendre et de maîtriser les risques associés au financement et à l'exploitation des biens immobiliers. Les investisseurs de SCI se doivent de développer des stratégies pour faire face efficacement à ces risques et ainsi protéger leur patrimoine.

Premièrement, le risque de liquidité est primordial dans la gestion financière de la SCI. En effet, une SCI doit souvent faire face à des échéances de paiement, tant pour l'achat des propriétés que pour leur entretien. Or, les revenus provenant de la location peuvent parfois être intermittents ou insuffisants, notamment en cas de vacance prolongée d'un ou plusieurs biens. Pour pallier ce risque, l'élaboration d'un fonds de réserve ou l'obtention de lignes de crédit pré-approuvées est conseillée. Cette précaution permet d'assurer un flux de trésorerie adéquat et de répondre aux obligations financières sans perturbation majeure.

Ensuite, le risque de crédit doit également être soigneusement géré. Il comprend le risque de défaillance des locataires sur leurs loyers. Pour minimiser ce risque, il est judicieux de mener une vérification approfondie des antécédents des locataires potentiels et de leur solvabilité. Des contrats de bail rigoureux, avec des clauses claires et strictes, sont également essentiels. Ces mesures, bien que pouvant paraître strictes, protègent la SCI des pertes financières et facilitent une gestion plus sereine des propriétés.

Le risque de taux d'intérêt est un autre élément à ne pas négliger. Les SCIs qui financent leurs acquisitions par emprunts sont sensibles aux fluctuations des taux d'intérêt, qui peuvent affecter considérablement les coûts de financement. Une hausse des taux peut augmenter les charges financières et réduire les marges de profit. Pour se prémunir contre ce risque, il peut être avisé d'opter pour des prêts à taux fixe, offrant ainsi une certaine prévisibilité des paiements ou de couvrir le risque par des instruments financiers adéquats lorsque des prêts à taux variable sont contractés.

Par ailleurs, le risque de marché, inhérent aux fluctuations des valeurs immobilières, ne doit pas être sous-estimé. Une baisse inattendue du marché peut réduire considérablement la valeur des biens de la SCI et impacter négativement le rendement de l'investissement. Une stratégie efficace pour atténuer ce risque consiste à diversifier le portefeuille immobilier en termes de géographie et de type de propriétés. Cette diversification aide à répartir les risques et à stabiliser les rendements sur le long terme.

Enfin, il est également essentiel de se tenir informé des évolutions législatives et fiscales qui peuvent impacter les activités de la SCI. Les changements de réglementation peuvent entraîner des coûts supplémentaires ou nécessiter des ajustements dans la gestion des biens. Une veille régulière et des consultations avec des experts en fiscalité et en droit immobilier sont recommandées pour anticiper et s'adapter à ces évolutions.

En conclusion, la gestion efficace des risques financiers demande une planification minutieuse et une surveillance continue. Une SCI bien gérée, qui prend en compte ces différents aspects, peut non seulement sécuriser ses investissements, mais également optimiser ses rendements. Cela nécessite une approche proactive de la gestion des risques, une compréhension approfondie du marché immobilier et une capacité à s'adapter aux conditions changeantes.

Chapitre 7
Cas pratiques et exemples.

Étude de cas : création d'une SCI

La création d'une Société Civile Immobilière (SCI) offre une multitude d'avantages, surtout en ce qui concerne la gestion et la transmission de patrimoine immobilier. Pour illustrer cela, prenons l'exemple fictif de Martin et Julie, un couple marié désireux de diversifier leurs investissements et de préparer la gestion future de leurs actifs.

Martin et Julie décident d'acquérir un immeuble de rapport dans une petite ville en plein essor. Leur objectif est de sécuriser leur investissement tout en optimisant sa gestion. Après avoir consulté leur notaire, ils optent pour la création d'une SCI, ce qui leur permettra de gérer plus facilement leur propriété et de faciliter la transmission à leurs deux enfants dans le futur.

Ils commencent par définir l'objet social de leur SCI, qui est l'acquisition et la gestion du patrimoine immobilier. Ils rédigent ensuite les statuts de la société, en précisant les apports de chacun, le fonctionnement de la société, les règles relatives aux prises de décision et la répartition des bénéfices. Ils choisissent une gestion démocratique, où chaque décision importante sera prise ensemble, reflétant leur engagement en tant que co-gérants.

La constitution de la SCI nécessite plusieurs étapes administratives, notamment l'enregistrement au registre du commerce et des sociétés, ce qui leur attribue un numéro SIRET et les rend officiellement reconnus en tant qu'entité juridique. Cela implique également des obligations comptables précises, quoique simplifiées par rapport à d'autres formes d'entreprises, comme la tenue régulière de comptes annuels.

Une fois la SCI formée et l'immeuble acquis, Martin et Julie peuvent ainsi louer les appartements. Les loyers perçus sont considérés comme des revenus de la SCI et sont imposés selon les règles des sociétés, et non plus à titre personnel, ce qui offre des avantages fiscaux, notamment la déduction des intérêts d'emprunt et des charges liées à l'entretien de l'immeuble.

Au fil des années, la SCI de Martin et Julie se développe et le couple décide d'acquérir un second bien immobilier. La structure de la SCI leur permet d'intégrer facilement ce nouvel achat dans leur portefeuille existant sans complications additionnelles. Leurs enfants, intéressés par la gestion immobilière, commencent à s'impliquer dans la société, apprenant les ficelles du métier sous la tutelle de leurs parents.

Face aux défis juridiques et managériaux, Martin et Julie trouvent dans la SCI une solution qui leur permet non seulement de gérer efficacement leur patrimoine, mais aussi de le faire fructifier en famille. L'aspect transmission est également sécurisé : en effet, grâce à la flexibilité des parts de la SCI, ils peuvent progressivement transmettre ces parts à leurs enfants, leur assurant ainsi une stabilité financière future sans les lourdeurs fiscales d'une succession traditionnelle.

Ce cas pratique illustre bien les avantages substantiels d'une SCI pour des investisseurs souhaitant concilier gestion efficace et planification de la succession. La SCI se révèle être un outil juridique adapté pour répondre à des besoins variés, incarnant flexibilité et sécurité, tout en favorisant une gestion patrimoniale inclusive et évolutive.

Étude de cas : gestion de conflit

Dans l'univers des Sociétés Civiles Immobilières (SCI), la gestion des conflits est un aspect crucial qui peut déterminer le succès ou l'échec d'un investissement immobilier partagé. Prenons l'exemple de la SCI Dupont, une société formée par trois investisseurs : Jean, Élise et Marc. Ils ont acquis ensemble un immeuble de rapport dans l'objectif de générer des revenus locatifs. Initialement, les rôles étaient clairement définis : Jean s'occupait de la gestion administrative, Élise des relations avec les locataires, et Marc des questions financières et comptables.

Toutefois, au fil du temps, des tensions ont commencé à émerger, principalement en raison de la perception d'un déséquilibre dans la répartition des tâches et des bénéfices. Marc se sentait particulièrement lésé, estimant consacrer plus de temps et d'effort comparé aux autres, sans pour autant percevoir une part des bénéfices à la hauteur de ses attentes.

Le conflit a pris de l'ampleur lorsque Marc a décidé de remettre en cause les décisions de Jean concernant certains investissements jugés peu judicieux et qui n'avaient pas été discutés au préalable en assemblée générale. Élise, quant à elle, se trouvait souvent au milieu, essayant tant bien que mal de jouer les médiatrices sans réel succès.

Face à ces conflits croissants, la SCI Dupont risquait de voir sa rentabilité et sa stabilité compromise. C'est alors que les associés ont décidé de faire appel à un médiateur spécialisé dans le droit des sociétés et l'immobilier, afin de trouver une solution juste et équitable pour tous.

Le processus de médiation a débuté par une série de réunions individuelles afin de permettre à chaque associé de s'exprimer librement sur ses griefs, ses attentes et ses objectifs personnels au sein de la SCI. Ces entrevues ont permis d'identifier le cœur des problèmes : une communication déficiente et un manque de transparence dans les prises de décisions financières.

Suite à cela, des réunions de groupe encadrées par le médiateur ont été organisées. Durant ces séances, des règles de communication ont été mises en place pour garantir que chaque associé puisse s'exprimer sans être interrompu. Le médiateur a également aidé le groupe à élaborer un plan de répartition des tâches et de redistribution des bénéfices plus équilibré, tenant compte de la charge de travail réelle de chacun.

Par ailleurs, il a été convenu qu'une réunion mensuelle serait désormais tenue pour revoir les finances de la SCI, discuter des investissements futurs et resolvedSets agissent de manière transparente et concertée. Un accord a également été trouvé pour la mise en place d'un système de rapport bimestriel, préparé par Marc mais révisé collectivement, afin que tous les associés disposent des mêmes informations financières détaillées.

Enfin, grâce à la médiation, les membres de la SCI Dupont ont pu restaurer leur confiance mutuelle et s'engager à nouveau dans une collaboration productive. Ce cas souligne l'importance de la communication, de la transparence et de l'équité dans la gestion d'une SCI. Il montre également que l'intervention d'un médiateur peut être une solution efficace pour résoudre les conflits internes, permettant ainsi de préserver et même d'augmenter la valeur de l'investissement immobilier partagé.

Exemple de réussite

Un exemple de réussite marquant dans le domaine des Sociétés Civiles Immobilières (SCI) se reflète dans l'histoire de Martin et Lucie Dupont, un couple originaire de Bordeaux. Ayant longtemps aspiré à investir dans l'immobilier pour sécuriser leur future retraite tout en générant des revenus supplémentaires, ils décidèrent de créer une SCI qu'ils baptisèrent "Bordeaux Patrimoine".

L'aventure commença lorsque le couple acheta un immeuble ancien dans un quartier historique de Bordeaux, connu pour son potentiel touristique élevé. Grâce à la structure de la SCI, ils purent facilement rassembler des fonds d'autres investisseurs, des amis et de la famille, qui étaient intéressés par l'idée mais réticents à s'engager seuls dans un projet d'une telle envergure. Cette collecte de capitaux leur permit d'acheter l'immeuble sans avoir à supporter seuls l'ensemble des charges financières.

Les Dupont investirent dans la rénovation des

appartements, tout en préservant le charme architectural de l'immeuble. Une fois les travaux terminés, ils proposèrent les appartements à la location. Étant situé dans une zone attractive, les biens furent rapidement occupés, engendrant des revenus locatifs stables. Leur gestion rigoureuse permit d'optimiser les profits tout en maintenant un bon niveau de conservation du patrimoine immobilier.

En ayant une SCI, Martin et Lucie bénéficiaient d'une fiscalité avantageuse, notamment en ce qui concerne la transmission de patrimoine. Conscients de cet atout, ils planifièrent à long terme pour passer leur patrimoine à leurs enfants de manière efficace, en limitant les droits de succession grâce à la structure de la SCI qui permet de découper le patrimoine en parts sociales.

Au fil des années, la valeur de l'immeuble a significativement augmenté, profitant de la dynamique du marché immobilier de Bordeaux. Le couple Dupont a su saisir cette opportunité pour revendre certaines parts à des moments stratégiques, réalisant ainsi des plus-values importantes. Cette flexibilité de gestion des parts leur permit non seulement de réinvestir dans d'autres projets immobiliers mais aussi de diversifier leurs investissements.

L'histoire de Martin et Lucie est exempte des embûches que beaucoup redoutent dans le domaine de l'immobilier. Ils ont non seulement construit un patrimoine conséquent mais ont également assuré une source de revenus fiable et un moyen de transmission de leur patrimoine allégé de charges fiscales excessives. La réussite de leur SCI ne réside pas seulement dans leur choix initial judicieux d'investissement ou dans la gestion efficace de leur bien, mais aussi dans leur capacité à utiliser les avantages spécifiques de la structure de la SCI pour optimiser leurs objectifs financiers et familiaux.

À travers cet exemple, on note l'importance d'une planification minutieuse, d'une gestion proactive des biens et de la capacité à exploiter les avantages légaux et fiscaux d'une SCI. Martin et Lucie Dupont illustrent parfaitement comment, avec les bonnes décisions et une bonne stratégie, une SCI peut devenir un outil puissant pour réussir dans l'investissement immobilier.

Échecs et leçons apprises

L'exploration des échecs au sein des Sociétés Civiles Immobilières (SCI) s'avère essentielle pour comprendre les leçons qu'ils peuvent enseigner. Ces échecs divergent souvent selon les spécificités de chaque SCI, mais certains thèmes récurrents méritent une attention particulière.

Initialement, la gestion des relations entre associés peut souvent devenir une source de conflit, menant potentiellement à l'échec de la SCI. Par exemple, un désaccord sur la gestion ou l'orientation de la propriété peut créer une tension considérable. Certains associés peuvent préférer maximiser les revenus à court terme tandis que d'autres pourraient envisager un investissement à long terme. Lorsque ces différences d'opinion ne sont pas résolues efficacement, elles peuvent conduire à une gestion inefficace, voire à la dissolution de la SCI. Ce genre de situation nous enseigne l'importance de la communication transparente et de la mise en place d'accords clairs et écrits entre associés dès le début.

Un autre échec courant découle de la

méconnaissance des règlementations légales et fiscales qui régissent les SCI. Bien que la structure de la SCI offre des avantages fiscaux, elle requiert une connaissance approfondie des obligations légales et fiscales. Des erreurs dans la déclaration des revenus ou dans la gestion des aspects légaux peuvent entraîner des sanctions importantes, voire des redressements fiscaux. Cette complexité juridique pointe vers la nécessité de se faire accompagner par des experts en droit et en fiscalité spécialisés dans l'immobilier et les SCI.

De plus, la négligence dans la gestion courante de l'immobilier constitue également un écueil notable. Certaines SCI échouent en n'effectuant pas les entretiens nécessaires, ce qui peut réduire la valeur de l'immobilier et augmenter les coûts à long terme. L'absence de fonds réservés pour l'entretien ou les réparations imprévues peut entraîner des conséquences financières graves. Cette situation enseigne aux propriétaires de SCI l'importance d'une gestion rigoureuse des biens et des finances, incluant la création de provisions pour les dépenses futures.

La gestion des dettes est un autre aspect critique

où de nombreuses SCI rencontrent des difficultés. Le recours excessif à l'endettement peut compromettre la viabilité financière de la structure, notamment lorsque les conditions du marché immobilier fluctuent. Une crise économique ou une baisse des loyers peut rendre le service de la dette insoutenable, conduisant à des défauts de paiement ou à la faillite. La prudence dans l'évaluation de la capacité d'endettement et une stratégie de financement judicieuse sont donc essentielles.

En résumé, bien que chaque SCI soit unique, les échecs souvent observés révèlent des thèmes communs tels que les conflits entre associés, les malentendus légaux et fiscaux, la gestion déficiente des biens, et une mauvaise planification financière. Les leçons tirées insistent sur la nécessité d'une préparation adéquate avant la constitution de la SCI, l'importance de l'expertise professionnelle et la gestion prudente du patrimoine et des finances. Chaque échec, bien que regrettable, est une invitation à améliorer les pratiques et à renforcer la résilience et l'efficacité de ces entités cruciales dans le panorama immobilier.

Chapitre 8
Conclusion et perspectives futures.

Récapitulatif des points essentiels

Tout au long de ce livre, nous avons exploré de manière approfondie les multiples facettes de la Société Civile Immobilière (SCI), un véhicule d'investissement privilégié en France pour la gestion et la transmission du patrimoine immobilier. L'intérêt majeur d'une SCI réside dans sa flexibilité juridique et fiscale, qui permet d'adapter la structure à divers besoins, qu'ils soient familiaux, professionnels ou de pure gestion d'actifs. Il convient de souligner qu'en optant pour une SCI, les associés peuvent profiter d'une gestion démocratique, chaque décision importante étant prise ensemble, tout en limitant leur responsabilité au montant de leurs apports. Ce cadre coopératif contribue à sécuriser les relations entre les investisseurs et à préciser clairement leurs droits et obligations au travers des statuts.

La transmission du patrimoine est un autre pilier essentiel des SCI. Ce dispositif permet d'organiser simplement la succession des biens immobiliers, évitant ainsi les écueils du régime légal de la succession directe, souvent source de conflits et de lourdeurs administratives. L'aspect transmission est particulièrement avantageux pour les parents souhaitant organiser l'héritage de leurs biens immobiliers à leurs enfants, offrant une gestion souple et moins coûteuse que d'autres méthodes de transmission.

Sur le plan fiscal, bien que soucieuses des impératifs, les SCI offrent plusieurs régimes d'imposition qui peuvent s'adapter selon les objectifs de ses membres. La possibilité d'opter pour l'impôt sur les sociétés ou de rester sous le régime des revenus fonciers (impôt sur le revenu) est un choix stratégique qui peut influencer de manière importante la rentabilité des investissements réalisés via une SCI. Chaque option a ses avantages et ses contraintes, et choisir le régime fiscal qui correspond le mieux à la situation et aux objectifs des associés est une décision cruciale qui doit être prise avec soin, idéalement sous le conseil d'experts en fiscalité et droit des affaires.

La gestion quotidienne d'une SCI, bien que moins rigide que celle d'autres formes d'entreprises, nécessite néanmoins un suivi minutieux et professionnel. La tenue d'une comptabilité adaptée, la rédaction régulière de procès-verbaux de réunions, et la gestion des relations avec les locataires sont des aspects qui, bien que souvent sous-estimés, sont vitaux pour la pérennité et le bon fonctionnement de la société.

Enfin, envisager l'avenir d'une SCI implique de garder un œil sur l'évolution du marché immobilier, ainsi que sur les changements législatifs qui peuvent affecter les régimes fiscaux et les obligations des propriétaires. L'anticipation de ces changements et une adaptabilité continue sont nécessaires pour maintenir la pertinence et l'efficacité d'une SCI dans le paysage immobilier changeant.

En récapitulant, il est clair que la création et la gestion d'une Société Civile Immobilière demandent une compréhension approfondie et une gestion attentive. Chaque aspect, de la constitution juridique à la gestion quotidienne et fiscale, doit être envisagé avec précision et planifié stratégiquement pour tirer pleinement profit de cet outil puissant de gestion immobilière.

L'évolution future des SCI

Au fil des années, la Société Civile Immobilière (SCI) a prouvé son adaptabilité dans le secteur de l'immobilier, offrant une structure attractive pour la gestion et la transmission de patrimoine immobilier. Cependant, dans un monde en constante évolution, tant sur le plan économique que réglementaire, les SCI ne resteront pas figées. Elles devront s'adapter et évoluer pour répondre aux nouveaux défis et exploiter les opportunités qui se présenteront.

L'évolution future des SCI pourrait être influencée par plusieurs facteurs principaux. D'abord, la digitalisation des démarches administratives et la blockchain pourraient révolutionner la manière dont les transactions immobilières sont enregistrées et sécurisées. Cette technologie promet d'améliorer la transparence et la rapidité des échanges, réduisant ainsi les coûts et le temps nécessaire à la gestion d'une SCI. Les plateformes digitales pourraient également faciliter la communication entre associés et la prise de décision collective, éléments clés dans la gestion d'une SCI.

Ensuite, les modifications législatives et fiscales auront un impact significatif sur les SCI. Les gouvernements, en quête de nouvelles sources de revenus ou désireux de réformer le marché immobilier, pourraient envisager de modifier le cadre fiscal appliqué aux SCI. Ainsi, il est crucial pour les détenteurs et futurs investisseurs de rester informés des changements législatifs pour optimiser la structure de leur SCI et en garantir la pérennité. Cela comprend la veille sur les évolutions en matière de droits de succession et de donation qui sont intimement liés à la gestion patrimoniale via une SCI.

De plus, la prise de conscience croissante des enjeux environnementaux pourrait conduire à une augmentation des régulations liées à la performance énergétique des bâtiments. Les SCI seront alors peut-être amenées à investir davantage dans la rénovation énergétique de leur parc immobilier pour se conformer à de nouvelles normes écologiques plus strictes, ou pour bénéficier d'incitations fiscales liées à l'efficacité énergétique. Cela non seulement alignerait les SCI aux attentes sociétales actuelles, mais pourrait également contribuer à revaloriser leur patrimoine immobilier.

Dans un contexte démographique changeant, avec

l'augmentation de la population urbaine et le vieillissement de la population dans certaines régions, les SCI pourraient aussi voir évoluer la nature de leurs investissements. La demande pour des types de biens spécifiques, comme les logements adaptés aux seniors ou les espaces professionnels flexibles pour répondre à l'évolution des modes de travail (télétravail, co-working), pourrait influencer les décisions d'achat et de gestion des SCI.

En somme, l'avenir des SCI semble être à l'image de l'évolution permanente du marché immobilier et des attentes sociétales : dynamique et adaptatif. Les associés dans des SCI devraient donc faire preuve de vigilance, d'adaptabilité et d'une ouverture vers l'innovation technologique et environnementale pour assurer la rentabilité et la pertinence de leurs investissements à long terme. Cette capacité d'adaptation sera sans doute la clé du succès pour les SCI dans les décennies à venir, permettant non seulement de gérer efficacement un patrimoine immobilier, mais aussi de le faire fructifier dans le respect des nouvelles normes et attentes de la société.

Conseils pour les nouveaux entrants

Se lancer dans le monde des Sociétés Civiles Immobilières (SCI) peut sembler intimidant au premier abord, mais avec une compréhension adéquate des principes fondamentaux et des stratégies sagaces, il est possible de naviguer avec succès dans ce domaine. Pour les novices désireux d'incorporer et de gérer efficacement une SCI, il est crucial de saisir non seulement les aspects légaux et fiscaux, mais également les dynamiques du marché immobilier et les meilleures pratiques de gestion.

Premièrement, il est essentiel de bien comprendre le but et l'objectif de votre SCI. Une SCI peut être utilisée pour diverses raisons telles que la gestion d'un patrimoine immobilier familial, la simplification de la transmission des biens, ou encore l'optimisation fiscale. Chaque objectif peut influencer différemment la structure et le fonctionnement de la société. Par conséquent, il est recommandé de consulter un avocat spécialisé ou un notaire pour s'assurer que la structure choisie correspond bien aux besoins spécifiques des associés.

Ensuite, le choix des partenaires ou des co-associés est un autre élément déterminant. La gestion d'une SCI est souvent une entreprise collective. Ainsi, le choix de partenaires fiables et ayant des objectifs compatibles est crucial. Il est important de définir clairement les rôles de chacun et de s'assurer que toutes les parties prenantes comprennent et acceptent les termes du pacte social, qui doit détailler la répartition des parts, les conditions de cession et les modalités de prise de décisions.

La gestion transparente et régulière des comptes est également un pilier central pour le succès d'une SCI. Il est conseillé de mettre en place des procédures de suivi et de reporting clair, même si la SCI n'est tenue de tenir qu'une comptabilité simplifiée. Cela inclut la tenue régulière de réunions pour discuter des finances, des investissements ou de la maintenance des propriétés. Un bon gestionnaire doit veiller à ce que tous les associés soient régulièrement informés de l'état des lieux, ce qui aide à prévenir les conflits et à prendre des décisions éclairées.

Il est aussi prudent de prendre en compte les divers aspects fiscaux associés à la possession et à la gestion d'une SCI. Les implications fiscales varient considérablement en fonction de la structure de la SCI (SCI de location nue, SCI d'attribution, etc.) et de la situation personnelle des associés. Il peut être très bénéfique d'obtenir des conseils d'un expert-comptable ou d'un conseiller fiscal pour optimiser les obligations fiscales et bénéficier des avantages fiscaux disponibles.

Enfin, rester informé des évolutions du marché immobilier et des changements législatifs est indispensable. Le marché de l'immobilier est en perpétuelle évolution, et les lois fiscales et réglementations qui affectent les SCI peuvent également changer. S'abonner à des bulletins d'information spécialisés, assister à des séminaires et rejoindre des groupes ou associations reliés à l'immobilier peuvent fournir des informations précieuses et à jour, qui permettront d'anticiper les changements et de s'adapter efficacement.

En suivant ces conseils, les nouveaux entrants dans le monde des SCI peuvent établir une fondation solide pour leur entreprise, tout en minimisant les risques et en maximisant les opportunités. Avec la bonne préparation et une gestion attentif, une SCI peut devenir un outil puissant pour la gestion et la planification du patrimoine immobilier.

Ressources et lectures complémentaires

La Société Civile Immobilière (SCI) est un outil d'investissement immobilier qui présente de nombreux avantages, notamment en termes de gestion et de transmission du patrimoine. Afin d'approfondir vos connaissances et de rester informé des évolutions législatives et pratiques qui concernent les SCI, il existe une variété de ressources et lectures qui peuvent s'avérer utiles.

Pour ceux souhaitant acquérir une compréhension approfondie des aspects juridiques des SCI, le "Guide pratique de la SCI" écrit par Pierre Tarrassenko, est un ouvrage de référence. Ce livre aborde de manière détaillée la constitution, la gestion et les spécificités fiscales des sociétés civiles immobilières. Grâce à une approche claire et précise, l'auteur explique les différentes stratégies possibles pour optimiser la gestion d'un patrimoine immobilier à travers une SCI.

En outre, "La SCI pour les Nuls" de Robert Matthieu et Laurence Boccara est également une excellente introduction aux SCI. Accessible et pédagogique, ce livre s'adresse à ceux qui n'ont pas de formation juridique ou financière préalable et souhaitent malgré tout s'engager dans cette voie. Les auteurs y démystifient les processus de création et de gestion d'une SCI, rendant l'information facile à comprendre pour le grand public.

Pour les professionnels ou les investisseurs qui cherchent à comprendre les implications fiscales des SCI, "Optimisez vos revenus locatifs avec une SCI" par Carl de Miranda, offre des conseils pratiques et des stratégies sur la fiscalité et la rentabilité des SCI. Cet ouvrage propose une analyse détaillée des régimes fiscaux applicables aux SCI et des techniques pour minimiser les charges fiscales tout en maximisant les revenus locatifs.

Par ailleurs, les périodiques spécialisés tels que "Le Particulier Immobilier", proposent régulièrement des articles sur les SCI, offrant des mises à jour sur les dernières modifications légales et des études de cas réelles. La lecture de ces magazines peut fournir des informations actuelles et pratiques, ainsi que des témoignages d'expériences vécues par d'autres investisseurs en SCI.

Enfin, pour ceux qui préfèrent une approche multimédia à l'apprentissage, plusieurs sites internet et blogs juridiques offrent des webinaires, tutoriels vidéo et podcasts sur les SCI. Ces ressources en ligne permettent d'obtenir des conseils pratiques et des mises à jour régulières, ce qui est essentiel pour rester informé des changements dans le domaine de l'immobilier et de la législation des SCI.

En explorant ces diverses ressources, vous pouvez acquérir une vision complète de la manière de constituer, gérer et optimiser une SCI. Que vous soyez un novice cherchant à faire vos premiers pas dans l'investissement immobilier ou un professionnel expérimenté souhaitant peaufiner votre expertise, ces lectures et outils peuvent enrichir votre compréhension et efficacité dans la gestion de vos investissements immobiliers via une Société Civile Immobilière.

www.ingramcontent.com/pod-product-compliance
Lightning Source LLC
Chambersburg PA
CBHW070300230526
45470CB00002B/657